मन की गुफ्तगू

Poetic Musings of a Wandering Mind

Tanvi Kulkarni

Dedication

इस पुस्तक को मैं अपने माता-पिता को समर्पित करती हूँ, जिनका प्यार और आशीर्वाद मेरी सबसे बड़ी ताकत है। उनके बिना यह सफर मुमकिन नहीं था।
और एक खास इंसान को, जिससे मेरा क्या रिश्ता है, यह मैं खुद नहीं जानती...
...कुछ रिश्ते शब्दों से परे होते हैं, और कुछ भावनाएँ कभी कहने के लिए नहीं होतीं... यह समर्पण उन्हीं अनकहे भावनाओं के नाम।

———

I dedicate this book to my parents, whose love and blessings are my greatest strength.
Without them, this journey would not have been possible.
And to a special person, to whom I don't even know what my relationship is...
...Some relationships are beyond words, and some emotions are never meant to be spoken...
This dedication is to those unspoken emotions.

Preface

लिखना हमेशा मेरे लिए मेरे अंदर की गहरी भावनाओं और विचारों को व्यक्त करने का एक तरीका रहा है। यह किताब उन तमाम रातों का नतीजा है, जो मैंने अकेले में बिताई हैं उन अनकही भावनाओं पर विचार करते हुए, जो हम सभी अपने भीतर छुपाए रखते हैं। इस संग्रह में शामिल कविताएँ सिर्फ मेरे शब्द नहीं हैं... ये उन भावनाओं के टुकड़े हैं, जिन्हें हम सभी अपने जीवन में महसूस करते हैं... ख़ुशी, ग़म, संघर्ष और आत्मनिरीक्षण के वो पल।

कुछ लिखना या नोट करना हमेशा से मेरी लगन रही है। लिखने की प्रक्रिया ने मुझे हमेशा खुशी दी... चाहे वह स्कूल में टीचर की डिक्टेशन हो, मेरे अपने विचार हों, या किसी का पता नोट करना! बस शब्दों को कागज़ पर उतारना ही मुझे सुकून देता था।
जब मैंने इस सफर की शुरुआत की, तो मुझे नहीं पता था कि यह कहाँ तक जाएगा। मैंने इसके परिणाम के बारे में ज़्यादा नहीं सोचा, बस अपने विचार पन्नों पर उतारती गई, और फिर उन्हें किताब के रूप में प्रकाशित कर दिया। कई बार मुझे अपने विचारों के बीच खो जाने जैसा महसूस हुआ, और मैं शब्दों में वह नहीं कह पा रही थी, जो मैं महसूस कर रही थी। ऐसे ही पल थे, जब मैंने इन शब्दों के माध्यम से अपनी आवाज़ पाई। यह किताब उन गहरी सोचों को आप तक पहुँचाने का एक प्रयास है। आशा है कि ये शब्द हर पाठक के दिल से जुड़कर उन्हें अपने जीवन की किसी न किसी भावना से परिचित कराएँगे।

मैं उम्मीद करती हूँ कि जब आप इन पन्नों को पढ़ेंगे, तो आप अपने दिल की कोई न कोई बात महसूस करेंगे... वह ख़ुशी हो या ग़म, आशा हो या वो चुप सी बातें, जो हम अपने आप से रात के शांत समय में करते हैं।

अगर आप इस किताब को पढ़ते हुए कभी अपने किसी एहसास से जुड़ा महसूस करें, तो समझिए कि मेरी कोशिश सफल हुई।

———

Writing has always been a way for me to express my deep emotions and thoughts. This book is the result of countless nights spent in solitude, reflecting on those unspoken feelings that we all keep hidden within ourselves. The poems in this collection are not just my words... they are fragments of emotions that we all experience in our lives...
moments of joy, sorrow, struggle, and self-reflection.
Writing or noting things down has always been my passion. The act of writing has always brought me joy... whether it was a teacher's dictation in school, my own thoughts, or writing down someone's address!
Just putting words on paper gave me peace.
When I began this journey, I had no idea where it would take me. I didn't think much about the outcome, I just kept putting my thoughts on paper and then published them in the form of a book. Many times, I felt lost among

my thoughts, unable to say what I was feeling in words. It was during such moments that I found my voice through these words. This book is an attempt to convey those deep thoughts to you. I hope that these words will connect with every reader's heart, familiarising them with some emotion from their own life.

I hope that when you read these pages, you will feel something in your heart... whether it's joy or sorrow, hope or those quiet words we speak to ourselves during the stillness of the night.

If, while reading this book, you ever feel connected to any of your own emotions, then consider my effort successful.

Acknowledgements

लिखना हमेशा से मेरे लिए अपनी भावनाओं को व्यक्त करने का सबसे सहज तरीका रहा है।

एक बार एक प्रोफेसर ने मेरे निबंध को पढ़कर मुझे और लिखने के लिए प्रोत्साहित किया था, और कुछ परीक्षाओं में लिखित उत्तरों में सबसे अधिक अंक प्राप्त करने पर एहसास हुआ कि शायद मैं बोलने से ज्यादा अच्छा लिख सकती हूँ।

एक प्रिय सीनियर, जिन्होंने मेरे लिखे हुए शब्दों को सराहा और मुझे यह एहसास दिलाया कि मैं चीज़ों को लिखकर बेहतर तरीके से समझा सकती हूँ, वे भी इस सफर का एक अहम हिस्सा रही हैं। उनका प्रोत्साहन और विश्वास मेरी लेखनी को आगे बढ़ने का हौसला देता रहा। उनका मार्गदर्शन और प्रेरणा मेरे लिए अनमोल रहे हैं।

एक प्रिय छात्र, जिसने मेरे लिखे हुए शब्दों को सराहा और बताया कि मैं लिखकर चीज़ों को बेहतर समझा सकती हूँ, वह भी इस सफर का एक अहम हिस्सा रही है।

मैं उन सभी अनकहे पलों, एहसासों और लोगों की आभारी हूँ, जिन्होंने प्रत्यक्ष या अप्रत्यक्ष रूप से मुझे लिखते रहने की प्रेरणा दी। यह किताब सिर्फ़ मेरे शब्दों का संग्रह नहीं, बल्कि उन सभी अनुभवों का प्रतिबिंब है जिन्होंने मुझे इस राह पर आगे बढ़ने का हौसला दिया।

संक्षिप्त, लेकिन दिल से... सभी का धन्यवाद!

———

Writing has always been the most natural way for me to express my emotions.

Once, a professor read my essay and encouraged me to write more. In some exams, I received the highest marks for written answers, and it made me realie that perhaps I am better at writing than speaking.
A dear senior, who appreciated my written words and made me realize that I can explain things better through writing, has also been an important part of this journey. Their encouragement and belief have always fueled my writing to move forward. Their guidance and inspiration have been priceless to me.
A dear student, who appreciated my written words and told me that I can explain things better through writing, has also been an essential part of this journey.

I am grateful to all the unspoken moments, emotions, and people, who, directly or indirectly, inspired me to keep writing. This book is not just a collection of my words, but a reflection of all the experiences that encouraged me to keep moving forward on this path.

Heartfelt Thank You to All!

1. मैं शायर तो नहीं...

जो लफ़्ज़ बयां नहीं हो पाते,
वो लफ्ज़ शायरी में उतर आते हैं।

बातें तो हम कम ही करते हैं,
कागज़ से खूब गुप्तगू करते हैं।

———

The words that cannot be expressed,
Find their way into poetry.

I speak very little,
But have long conversations with paper.

2. प्रेम की परिभाषा

वो ज़िंदगी ही क्या, जिसमें इश्क़ ना हो,
वो बंदगी ही क्या, जिसमें इबादत ना हो।

हम तो लिखने चले थे हमारी प्रेम कहानी का सुखद अंत,
लेकिन वो मोहब्बत ही क्या, जो अधूरी ना हो।

———

What is life, if there is no love in it,
What is devotion, if there is no worship in it.

I had set out to write the happy ending of our love story,
But what is love, if it is not incomplete.

3. इश्क़िया

यू तो पहले भी प्यार में दिल दे बैठे थे किसको...
दर्द तो तब भी झेले थे।

पर इस बार जो दिल तुमको दे बैठी हूँ...
इस दर्द से भी इश्क कर बैठे हैं।

———

I had given my heart to someone before...
I had endured pain back then too.

But this time, as I give my heart to you...
I've even fallen in love with this pain.

4. शर्तों भरा प्यार

मेरे साथ हँसते तो हो तुम,
पर मेरे आँसुओं की कीमत पे।

मुझसे बात करते तो हो तुम,
पर मेरी खामोशी की कीमत पे।

मुझसे मिलते तो हो तुम,
पर मेरे अकेलेपन की कीमत पे।

मुझसे प्यार तो करते हो तुम,
पर वापस दिल तोड़ने की कीमत पे।

———

You laugh with me,
But at the cost of my tears.

You talk to me,
But at the cost of my silence.

You meet me,
But at the cost of my loneliness.

You love me,
But at the cost of breaking my heart again.

5. आत्म प्रेम

लोग कहते हैं, दूसरों को प्यार करने से पहले,
खुद से प्यार करना सीख लो।

मगर मैं तुम्हें ही अपनी जगह रख सोचती हूँ,
कि तुम मेरी जगह होते तो क्या करते...

बस तब ही खुद से प्यार कर पाती हूँ।

———

People say, before loving others,
Learn to love yourself.

But I always place you in my position and think,
What would you do if you were in my place...

Only then do I find the ability to love myself.

6. बस तुम!

यूँ तो अपने गिले-शिकवे हर दम बयां करते हो,
कभी उसके दिल का हाल भी तो पूछो!

कभी उसकी खामोशियों को भी समझने की कोशिश करो,
कौन सा रंग पसंद है, किस बात पे मुस्कुराती है?

कहाँ जाना चाहती है, क्या हैं उसके सपने?
उसकी छोटी खुशियों का भी तो हिसाब रखा करो।

अगर पूछोगे उससे ये सारे सवाल,
तो हर बार बस एक ही जवाब मिलेगा...

"बस तुम!"

———

You always express your grievances,
Have you ever asked about the state of her heart?

Try to understand her silences?
What color does she like, what makes her smile?

Where does she want to go, what are her dreams?
Keep track of her little joys too.

If you ask her all these questions,
There will always be only one answer...

"Just you!"

7. इश्क़ की सज़ा

क्यों किसी को दिल देते हो,
क्यों इतनी मोहब्बत करते हो?

सब लुटा देते हो उनके इश्क़ के खातिर,
कुछ अपने लिए भी तो सँभाल रखो।

ये ज़माना तो बड़ा कायर है,
क्यों किसी की झूठी चाहत का शिकार बनते हो?

छीन लेगी दुनिया तुमसे जो तुम्हें प्यारा है,
इस दुनिया में मोहब्बत करना ही सज़ा है।

———

Why do you give your heart to someone,
Why do you love so deeply?

You give away everything for their love,
But keep something for yourself too.

This world is so cowardly,
Why do you let yourself become prey to someone's false
love?

The world will snatch away what you cherish,
In this world, loving is itself a punishment.

8. श्रृंगार

ना गजरा, ना जेवर,
ना बिंदी, ना काजल,
ना झुमका, ना पायल...

तेरी मुस्कराहट ही तेरा गहना है,
जो हर श्रृंगार से प्यारा है।

———

No flowers, no jewelry,
No bindi, no kohl,
No earrings, no anklet...

Your smile itself is your adornment,
Which is more precious than any ornament.

9. प्रायोरिटी

यूँ तो उनके अलावा किसी और को देखने की फ़ुर्सत नहीं थी,
मगर अब ख़ुद की तस्वीर पे ही दिल हार बैठे हैं!

कभी उनकी नज़रों में खोए थे,
अब आईने में ख़ुद को देख मुस्कुरा रहे हैं!

———

Though there was no time to look at anyone else except
him,
Now, I've lost my heart to my own reflection!

Once, I was lost in his gaze,
Now, I smile looking at myself in the mirror!

10. सुन्दर सा सपना

मुझे सुलाना, तुम्हारे कंधे पे सिर रख के,
हाथों में मेरा हाथ थाम लेना।

जगाना मत मुझे ज़रा भी,
नहीं तो मेरा ये सपना भी टूट जाएगा।

———

Let me sleep, resting my head on your shoulder,
Hold my hand in yours.

Don't wake me up,
Or else, even this dream of mine will shatter.

11. लौट आना

अगर मैं बुलाऊँ तो तुम चले आना,
सारी फ़ुर्सत, सारे काम, सारे ग़म लेकर आना।

क़िस्से अधूरे जो रह गए थे कभी,
उन्हें कहानियों में पूरा लिखने आना।

जाना पड़े मुँह मोड़ के भी अगर तुम्हें,
तो लौट आने के हज़ार बहाने लेकर आना।

मैं आज भी वही हूँ, जो कल थी,
अपना वही बेइंतहा प्यार लेकर आना।

———

Do come when I call you
Bring all your free time, all your work, and all your
sorrows.

The unfinished stories from the past,

Come and complete them in tales.

If you ever have to turn away,
Then come back with a thousand reasons to return.

I am still the same as I was yesterday,
Come with the same boundless love.

12. अनमोल खजाना

तुम जो मिले हो मुझे,
तो किसी नायाब तोहफे से कम नहीं।

छुपा लूँ दिल की तिजोरी में तुम्हें,
तुमसे कीमती कोई ज़ेवर नहीं।

हर साँस में मेरे महकते रहना,
मेरे जीने की और कोई वजह नहीं।

लिख दूँ तुम्हें इन हाथों की लकीरों में,
ताकि कोई तुम्हें मेरी तक़दीर से मिटाए नहीं।

———

Since you've come into my life,
You're nothing less than a rare gift.

I want to hide you in the vault of my heart,
There's no jewel more precious than you.

Stay fragrant in every breath of mine,
There's no other reason for my existence.

I'll write you in the lines of my palms,
So that no one can erase you from my destiny.

13. संघर्ष

लोग तो आगे बढ़ गए,
मैं वहीं ठहरी रही,
क्या जीत मेरे लिए नहीं?

हर कदम, हर मोड़ को
गहराई से समझा,
चाहे उम्मीद हो या मायूसी,
क्या वक़्त मेरा नहीं?

गुमराह हुई, ठोकरें खाईं,
हर सबक़ सीखा,
हर राह सोचकर चुनी,
क्या ये तजुर्बा मेरा नहीं?

———

People moved ahead,
But I stayed where I was,
Is there no victory for me?

I understood every step, every turn,
Whether hope or despair,
The time won't ever be mine?

I got lost, stumbled,
Learned every lesson,
Chose every path thoughtfully,
Will this not be my experience?

14. बढ़ता चल

तू वही सुन, जो तेरा दिल कहे,
सलाह देने हजारों आएंगे।

तू वही कर, जो तुझे सही लगे,
लोग तो बातें बनाते रहेंगे।

रोकने, गिराने वाले बहुत मिलेंगे,
बस तू बढ़ता चल, बिना रुके।

तारीफ़ के बजाय नाराज़गी जताएंगे,
तू जब अपनी जीत का जश्न मनाए।

———

Listen only to what your heart says,
Thousands will come to give advice.

Do only what feels right to you,
People will keep talking, regardless.

You'll find many who'll try to stop or bring you down,
Just keep moving forward, without stopping.

Instead of praise, they'll show displeasure,
When you celebrate your victory.

15. सुकून

बारिश के मौसम में,
छत पर गिरती बूँदों की मधुर झंकार...

हाथ में गरम चाय का कुल्हड़,
जिसकी महक से महकता आँगन...

रेडियो पर एक पुराना नगमा,
जो याद दिलाता है हमारी पहली मुलाकात...

सामने हरे खेतों में लहराती ठंडी हवाएँ,
एक नन्हा सा कुकुर, मेरी गोद में सो जाए...

और साथ में तुम,
मेरे उलझे बालों को सुलझाते...

शायद इसे ही सुकून कहते हैं।

———

In the rainy season,
The sweet chime of droplets falling on the roof...

A warm cup of tea in hand,
Its aroma filling the courtyard...

An old tune playing on the radio,
Reminding me of our first meeting...

The cool winds swaying through the green fields ahead,
A tiny puppy curling up in my lap...

And with you by my side,
Untangling the knots in my hair...

Perhaps, this is what peace feels like.

16. मृगतृष्णा

ढूँढ़ता रहा सुकून उन सांसारिक चीज़ों में,
पर वो सुकून पाकर भी बेचैन सा था।

तन्हा सा उस भीड़ में जी रहा था,
जहाँ हर कोई अपना होकर अजनबी सा था।

दौलत, शोहरत, हर चाहत पूरी कर ली,
पर दिल का खाली कोना भर पाना मुमकिन है क्या?

जो खुशी पाने के लिए सब दांव पर लगाया,
वो खुशी पाकर सच में खुश हूँ क्या?

कभी मदिरा के सहारे दिल बहलाया,
कभी खुद को काम में उलझा लिया।

मगर इस भागती ज़िंदगी के शोर में,
कभी ख़ुद से मिल पाना मुमकिन है क्या?

———

I searched for peace in worldly things,
But even after finding it, I was restless.

Living alone in the crowd,
Where everyone felt familiar yet like a stranger.

Wealth, fame, every desire was fulfilled,
But can the empty corner of the heart ever be filled?

I risked everything to find happiness,
But after finding it, am I truly happy?

At times, I found solace in liquor,
At times, I buried myself in work.

But in the noise of this rushing life,
Is it ever possible to truly meet oneself?

17. बस तू मुस्कुरा...

कि तेरे टूटे दिल के लिए तो दवा नहीं है मेरे पास,
लेकिन वक़्त है, जो सारा तुझको दे दूँ।

चाहे बाट तू ख़ुद के दुःख मुझसे,
या सिर्फ़ ख़ामोशी में बैठा रहे।

सुनती रहूँ मैं तेरे हर गिले-शिकवे,
ले ले मेरी सारी खुशियाँ...

और बस तू हमेशा मुस्कुराता रहे।

———

I don't have a remedy for your broken heart,
But I have time, and I'll give it all to you.

Whether you share your sorrows with me,
Or just sit in silence.

I'll listen to all your complaints,
Take away all my happiness...

And you, just keep smiling forever.

18. वास्तविकता

क्यों कोसते हो अपनी क़िस्मत को,
हाथ में खाने की थाल लिए?
कभी देखा है उन आँसू भरी आँखों को,
जो दो निवालों के सपने बुनते सो जाती हैं?

क्यों होते हो निराश, ज़रा सा ज़्यादा काम करने पर?
कभी देखा है उन मासूम हाथों को,
जो ईंट तोड़ते हुए अपना बचपन गंवा देते हैं?

ए.सी. गाड़ियों में बैठकर झुंझला जाते हो,
क्या देखा है वो बेबस इंसान,
जो धूप में जलता, दो पल की छाँव को तरसता हो?

———

Why curse your fate,
While you hold a plate of food in your hands?
Have you ever seen those tear-filled eyes,
That sleep while weaving dreams of two morsels?

Why do you get disappointed over a little extra work?
Have you seen those innocent hands,
That lose their childhood while breaking stones?

You sit in AC cars, irritated by little things,
Have you ever seen the helpless soul,
Burning in the sun, longing for a moment of shade?

19. ग़ुलामी

कौड़ियों में बिकते हैं ख़्वाब जिनके,
जिनकी मेहनत हर सांस का हिसाब रखती है।

पसीने से चुकाते हैं ज़िंदा रहने की क़ीमत,
ये कैसी दुनिया है...
जहाँ इंसान ही इंसान का ग़ुलाम बनाता है!?

———

Dreams are sold for mere coins,
While their hard work keeps count of every breath.

They pay the price for survival with sweat,
What kind of world is this,
Where man becomes a slave to man?

20. नादानियाँ

जब छोटे थे, तो बड़े होने की जल्दी थी,
ख़ुद को दुनिया में साबित करने की आरज़ू जो थी।

अब जब बड़े हुए, तो एहसास हुआ,
असली जन्नत तो बचपन में ही थी।

नज़रअंदाज़ कर देते थे घरवालों की बातें,
लगता था हमें सब पता है।

अब वही बातें सबक बन गई हैं,
जो कभी बोझ लगी, अब ताक़त बन गई हैं।

जो डाँट पड़ती थी कभी, अब वो लोरी सी लगती है,
वो गुज़रा वक़्त अब सबसे प्यारी दास्तान सी लगती है।

जो वक़्त कभी जी लिया था उन दिनों में,
अब वही दिन ख़्वाब बन गए हैं।

———

When we were young, we were in a hurry to grow up,
The desire to prove ourselves in the world was strong.

But now that we've grown, we realize,
The true paradise was in our childhood itself.

We used to ignore our parent's words,
Thinking we knew it all.

Now those words have become lessons,
What once felt like a burden, now feels like strength.

The scoldings that once hurt, now feel like lullabies,
Those past days now seem like the most cherished
stories.

The time we once lived in those days,
Now those very days have turned into dreams.

21. तलाश

जिसके पीछे भागते थे,
क्या वो मिल जाए, तो सुकून हासिल होगा?

जिसे पाने की तमन्ना में दिन-रात गुज़ार दिए,
क्या उसका मिल जाना, सारी बेचैनी मिटा देगा?

या फिर एक नई बेचैनी, एक नया डर जन्म लेगा,
कि कहीं जो पाया है, वो खो न जाए?

या फिर दिल कोई नया ख़्वाब बुन लेगा,
जिसके पीछे भागने का बहाना मिल जाए?

The thing we chased,
Will finding it bring peace?

The desire for which we spent day and night,
Will its fulfillment erase all restlessness?

Or will a new anxiety, a new fear arise,
That what we've gained might slip away?

Or will the heart weave a new dream,
Finding a new reason to run after something again?

22. चाहत

समझते हैं बदनसीब ख़ुद को,
कि जो चाहा, वो मिला नहीं।

मगर ये भी तो सच है,
जो चाहा, उसके सिवा कुछ माँगा नहीं।

यूँ तो बहुत ख़ुदगरज़ हैं हम,
बस एक नाम है
जो दिल से मिटाया नहीं।

———

I consider myself unfortunate,
For what I desired, I did not receive.

But the truth is,
What I desired, I never asked for anything beyond it.

I am selfish actually,

But there's one name,
I could never erase from my heart.

23. लॉस्ट इन ट्रांसलेशन

ग़ैरों से क्या ही शिक़ायत करें,
जब अपने ही समझ न सके।

ख़ामोशी से क्या ही बयां करें,
जो लफ़्ज़ों से कह न सके।

सुनी भी गईं तो बस बातें सुनी गईं,
उन लफ़्ज़ों में छुपे जज़्बात कौन समझे?

आँखों से की थी जो गुफ़्तगू,
अश्कों में बहकर मुस्कान में खो गई।

———

Why complain about strangers,
When our own people couldn't understand us?

What's the point of expressing in silence,
When words failed to convey our heart?

Even if our words were heard,
Who could understand the emotions hidden in them?

The conversation I had through my eyes,
Got lost in the tears and then in the smile.

24. नोकझोंक

तुम कहते हो, मैं तुमसे लड़ती हूँ,
और लड़कर ही सुकून पाती हूँ।

हाँ, पर जब मैं नाराज़ होती हूँ,
तुम मुझे मनाने आ जाते हो।

तुम्हारी मासूमियत देख,
दिल पिघल जाता है,

फिर अपनी ही बात पर,
अफ़सोस कर जाती हूँ।

पर ये लड़ाई भी तो बस इतनी सी है,
कि तुमसे ही तुम्हें माँगने का बहाना ढूँढ़ लेती हूँ।

———

You say, I fight with you,
And find peace only after the fight.

Yes, but when I am upset,
You come to make me smile.

Seeing your innocence,
My heart melts,
Then I regret my own words,

But this fight is only this much:
I find excuses to ask for you from you.

25. उम्मीद

कुछ सफर ऐसे होते हैं,
जहाँ सफर से ज़्यादा, हमसफ़र की अहमियत होती है।

क्योंकि डर मंज़िल के खो जाने का नहीं,
साथ छूट जाने का होता है।

शायद इसी डर से मैं हर बार तुमसे सवाल कर बैठती हूँ,
"क्या हम फिर मिलेंगे?"

क्योंकि इसी सवाल में मेरी सारी बेचैनी छुपी है।
शायद इस सवाल का कोई जवाब न हो,
बस एक उम्मीद है,
तुम हर मोड़ पर मेरे साथ रहो,
और मेरी मंज़िल को ख़ूबसूरत बना दो।

———

Some journeys are such,

Where the importance lies not in the journey, but in the
companion.

Because the fear isn't of losing the destination,
But of losing the one walking beside.

Maybe that's why I ask you every time,
"Will we meet again?"

Because in this question hides all my restlessness.
Maybe there's no answer to this question,
But there's hope,
That you stay with me at every turn,
And make my destination beautiful.

26. मशीन

जीवनशैली संवारते हुए,
अक्सर यह भूल जाते हैं,
कि हमारी पहचान,
हमारी जड़ों से जुड़ी रहती है।

व्यावहारिक होना भी ज़रूरी है,
पर हमदर्दी को ठुकराकर नहीं।

हम भावनाओं से गढ़े इंसान हैं,
शुष्क, बेजान मशीनें नहीं।

भावनाएँ ही वो नाज़ुक धागे हैं,
जो इंसानियत को सँवारें और दिलों को जोड़ें।

अगर ये धागे ही टूट जाएँ,
तो फिर इंसान और पत्थर में क्या अंतर रह जाए?

———

While shaping our lifestyle,
We often forget,
That our identity,
Is rooted in our origins.

Being practical is important,
But not at the cost of compassion.

We are human beings shaped by emotions,
Not dry, lifeless machines.

It is these emotions that are the delicate threads,
That weave humanity and connect hearts.

If these threads break,
What remains to distinguish a human from a stone?

27. प्रेम और निशा

चाँद और सूरज ने भी तो की होगी मोहब्बत,
तभी तो दिन में भी कभी एक साथ नज़र आ जाते हैं।

चाँद तो रातभर जलता है सूरज की यादों के उजाले में,
तभी तो उसकी चाँदनी में एक रूमानी सा एहसास दमकता है।

मोहब्बत कहाँ रुकती है समय की सीमाओं में,
हर रोज़ का ये दिन-रात का सफ़र इश्क़ की मिसाल है।

————

The moon and the sun must have loved each other,
That's why, sometimes, they are seen together even
during the day.

The moon burns throughout the night, in the light of the
sun's memories,
That's why a romantic feeling glows in its moonlight.

Love doesn't stop at the boundaries of time,
This daily journey of day and night is a testament to
love.

28. टीम बिल्डिंग

पैदा तो अकेले हुए थे,
अकेले ही मौत का सामना करेंगे,
जिंदगी के हर पड़ाव को भी अकेले पार करना है,

तो ये टीम बिल्डिंग किस लिए!?

———

We were born alone,
And we will face death alone,
Every stage of life we must cross alone,

Then what is this team building for!?

29. व्यथा

ज़ख्म तो भर गए,
पर असर अब भी बाकी है।

निशान मिटे नहीं...
ख़लिश अब भी बाकी है।

सुन सको तो सुन लो मेरी दास्तां,
जो लफ़्ज़ों में नहीं, रूह में दफ़्नाई है।

———

The wounds have healed,
But the impact still lingers.

The scars haven't faded...
The ache remains.

If you can listen, listen to my story,
Not written in words, but buried deep in my soul.

30. परिवर्तन

जिन बेसब्रियों को सब्र होते देखा है,
उन आँखों में ख्वाब बिखरते देखा है।

जो कभी बेचैन थे हर घड़ी किसी बात पर,
उन्हें अब लम्हों को सँजोते हुए देखा है।

शायद वक़्त ही है जो सिखा जाता है,
जिन्हें जल्दी थी, उन्हें ठहरते देखा है।

———

I have seen impatience transformed into patience,
In those eyes, I've seen dreams scattered.

Those who were once restless at every moment,
Now I see them cherishing every passing second.

Perhaps it's time that teaches,

I have seen those who were in a hurry, now learning to be present.

31. नक़ाब

हर किसी ने नक़ाब पहन रखा है,
मगर अंदर ही अंदर दर्द सह रहा है।

जो सबने अलग तरीकों से जिया है,
उस दर्द से संकोच कैसा है?

जब दर्द इंसान होने की पहचान है,
तो ये दिखावा कैसा है!?

———

Everyone wears a mask,
But inside, they're silently enduring pain.

Everyone has lived in their own way,
So why should we hesitate to acknowledge the pain?

When pain is the essence of being human,
Then why the pretense?

32. सफ़रनामा

ज़िंदगी के सफ़र की कोई नियमावली नहीं होती,
हर मोड़ पर एक नया अफ़साना लिख देती है।

जब तक तजुर्बों को समझ पाते हैं,
वक़्त की रेत मुट्ठी से फिसल जाती है।

फिर एहसास होता है, सफ़र ही सबक था...
और मंज़िल तो बस एक ख़ूबसूरत बहाना थी।

———

There are no rules to the journey of life,
At every turn, it writes a new story.

By the time we understand the lessons,
The sands of time slip through our fingers.

Then we realize, the journey itself was the lesson...
And the destination was just a beautiful excuse.

33. कहानी अभी बाकी है...

ये कैसी मजबूरी है,
तू सामने है मेरे,
फिर भी ये दूरी है...

तय है ये रिश्ता उम्रभर का है,
ना जाने क्यों इस फासले को क़िस्मत का फैसला माना है...

यू तो ये तक़दीर का रंगमंच है,
हो सकता है कहानी अधूरी हो,
पर अंजाम अभी बाकी है

———

What kind of compulsion is this,
You are right in front of me,
Yet, there's this distance between us...

This relationship is meant to last a lifetime,
But why have we accepted this distance as fate's
decision...

This is just the stage of destiny,
Maybe the story is unfinished,
But the ending is still yet to unfold...

34. जलपरी

कहें तो किससे कहें,
कि किनारों पर भी डूबे जा रहे हैं...

कैसे जताएँ,
कि खुली फ़िज़ाओं में भी घुट-घुट के जीए जा रहे हैं...

———

Who should I tell,
That even on the shores, I am drowning...

How do I express,
That even in open skies, I am suffocating..

35. प्रश्नावली

सोचा था जवाब मिलेंगे,
पर सवाल ही सवाल मिले...

ज़िन्दगी को पढ़ने चले थे,
पर हर पन्ने पर राज मिले...

———

I thought I would find answers,
But instead, I met with endless questions...

I had set out to read life,
Only to discover mysteries on every page...

36. निर्दयी

ग़म उन्हीं से बांटो जो उसकी गहराई समझ सकें,
जो जताते हैं खोखली हमदर्दी,
अंदर से खुशी का जश्न मनाते हैं।

———

Share your sorrows with those who can understand their
depth,
For those who pretend sympathy,
Celebrate their own joy from within.

37. हंसी

कोई दुख नहीं बाँटता आजकल,
हर किसी को विरासत में जो मिला है।

हँसाने वाले भी आँसू छुपा कर हँसाते हैं,
अब सफल व्यापारी बन गए...

हंसी तो दिल से आनी चाहिए न!?
अब लोग पैसे देकर हंसी ढूँढ़ रहे।

———

No one shares their sorrows these days,
Everyone has inherited it.

Even those who make others laugh, hide their tears,
Now they've become successful merchants...

Laughter should come from the heart, right!?
Now people are paying to find laughter

38. मुसाफ़िर

जो अकेले घर से दूर रहते हैं,
उनकी एक अनोखी पहचान होती है।

ज़िंदगी में कुछ कर दिखाने का जुनून लिए,
ख़ुद की राहें ख़ुद तलाशते हैं।

बीज भी तो पेड़ की छाँव में नहीं उगते,
मंज़िल पाने को जड़ें कहीं दूर जमानी पड़ती हैं।

वह एक जगह नहीं टिकते,
बल्कि जहाँ जाते हैं, वह जगह उनकी हो जाती है।

———

Those who live away from home,
Have a unique identity.

With a passion to achieve something in life,
They search for their own paths.

Even seeds don't grow under the shade of a tree,
To find the destination, roots must be set far away.

They don't stay in one place,
Instead, wherever they go, that place becomes theirs.

39. ईश्वर का फरिश्ता

काश तुझे ये कह पाती... कितना प्यार करती हूँ तुझसे,
कभी कह न सकी लफ़्ज़ों में... पर आज कह देती हूँ इस कविता से।

तू है मेरी पहली सहेली, और शायद आखिरी भी तू,
तेरी ममता की छांव में पली, जो भी हूँ तेरी बदौलत हूँ।

कभी सोचती हूँ तुझसे पहले मिलती अगर, तेरे बचपन की सहेली
बनती,
तुमने मेरा बचपन, मेरी जवानी देखी, पर मैं तेरा सुनहरा अतीत न देख
पाई।

मुझे यकीन है तू एक शेरनी है, पर फ़र्ज़ निभाते खुद के लिए न लड़ी।
मन करता है तेरे सारे ख्वाब लौटा दूँ, जो ज़िंदगी तुझसे छीनती रही।

खुद के ख्वाबों को अधूरा छोड़, अपने ससुराल को मेरा मायका
बनाया,
काश मैं भी तेरे अतीत का हिस्सा होती, तू पहले कैसी थी, ये जान
पाती।

काश मैं भी होती तेरे बचपन का हिस्सा, तेरी सहेली बनकर हमेशा तेरे साथ रहती,
शायद कुछ फैसले लेने से रोक देती तुझें, तो तेरे जीवन में बातें कुछ अलग होतीं।

अब बस इतना ही कहूँगी, तेरी खुशी ही लक्ष्य है मेरा,
कोशिश करूँगी तुझे वो सब देने की,
मेरी प्यारी माँ, तू हक़दार है जिसकी।

————

I wish I could say this to you, How much I love you,
I could never say it in words, But today I say it through
this poem.

You are my first friend, And perhaps the last too,
I grew up under the shade of your love, Whatever I am,
it's because of you.

Sometimes I wonder, if I had met you first, I would have
been your childhood friend,
You saw my childhood, my youth, But I couldn't see your
golden past.

I believe you are a lioness, But you never fought for
yourself,

*I wish I could return all the dreams to you, Which life
snatched away from you.*

*Leaving your own dreams unfinished, You made your in-
law's house my home,
I wish I could have been part of your past, I wish I could
know how you were before.*

*I wish I could have been part of your childhood, Always
by your side as your friend,
Maybe I could have stopped you from making some
decisions,
And things in your life would have never been the same.*

*Now I will say just this, Your happiness is my goal,
I will try to give you everything,
My dear mother, you deserve it all.*

40. पिता

कभी सख्त, कभी नर्म, तूफानों सा अंदाज़,
कभी गलत, कभी सही, मगर दिल से है खास।

ज़िंदगी से लढ़ना सिखाया,
ज़िंदगी में बढ़ना सिखाया,
सिखा दिया जीवन का सबक, उम्र से पहले ही,
और जीने का हुनर भी सिखाया।

नई नई रेसिपी आज़माते,
फल भी सजा कर प्यार से खिलाते,
और सिर पे मालिश करते हुए कहते,
"ज़िंदगी मुश्किल है, पर तू सामना कर लेना।"

दुनिया तो परेशानियाँ देती रही,
फिर भी झुककर नहीं चले।
उनके पिता की राहों पर चलते रहे,
हर लम्हा उनकी यादों में पलते रहे।

दोस्त कहते हैं, पर कुछ बाँटते नहीं,
मनमर्जी करूँ तो टोकते नहीं।

कभी मन करता है, साथ बैठूँ और जाम उठा लूँ,
और जो भी मन में है उनके, सब जान लूँ।

लोग कहते हैं... "उनके जैसी हूँ, उन्हीं पे गई हूँ",
उन्हीं के साये में ही पली हूँ।
गर्व होता है इस बात पर,
कि पिता के नाम से ही जानी जाती हूँ।

————

Sometimes strict, sometimes soft, with a style like
storms,
Sometimes wrong, sometimes right, but special from the
heart.

Taught me to fight with life,
Taught me to rise in life,
Taught me life's lessons, even before age,
And also taught me the art of living.

Trying new recipes,
Serving fruits with love,
And while massaging my head, saying,
"Life is tough, but face it."

The world kept giving problems,

But still, he never faltered.
Kept walking on his father's paths,
Living in their memories every moment.

People say... "You're like him"
Grew up under his shadow.
I take pride in this fact,
That I'm known by my father's name.

About the book

"मन की गुफ़्तगू" (Conversations of the Heart) is a soul-stirring journey through the deep, poetic musings of a restless spirit. In the stillness of midnight, these verses reflect the complex emotions and silent reflections that often go unnoticed in the hustle of life. With a blend of vulnerability, strength, and longing, each poem invites the reader to explore the tender undercurrents of human experiences; be it love, loss, hope, or self-discovery. Dive into these midnight musings, where every word resonates with the untold stories of the heart and mind. A perfect companion for those who seek solace in the beauty of silence and the magic of introspection.

Author: Tanvi Kulkarni

Tanvi is a sensitive writer whose poems are a deep expression of emotions and self-reflection. Her writing uncovers the journey of love, sorrow, and self-exploration, giving life to unspoken feelings through words. With a natural gift for weaving her thoughts into evocative verses, Tanvi's work resonates with anyone who has experienced the highs and lows of life. Her poetry serves as a window into the soul, making it easy for the readers to connect with the raw honesty and vulnerability she shares.